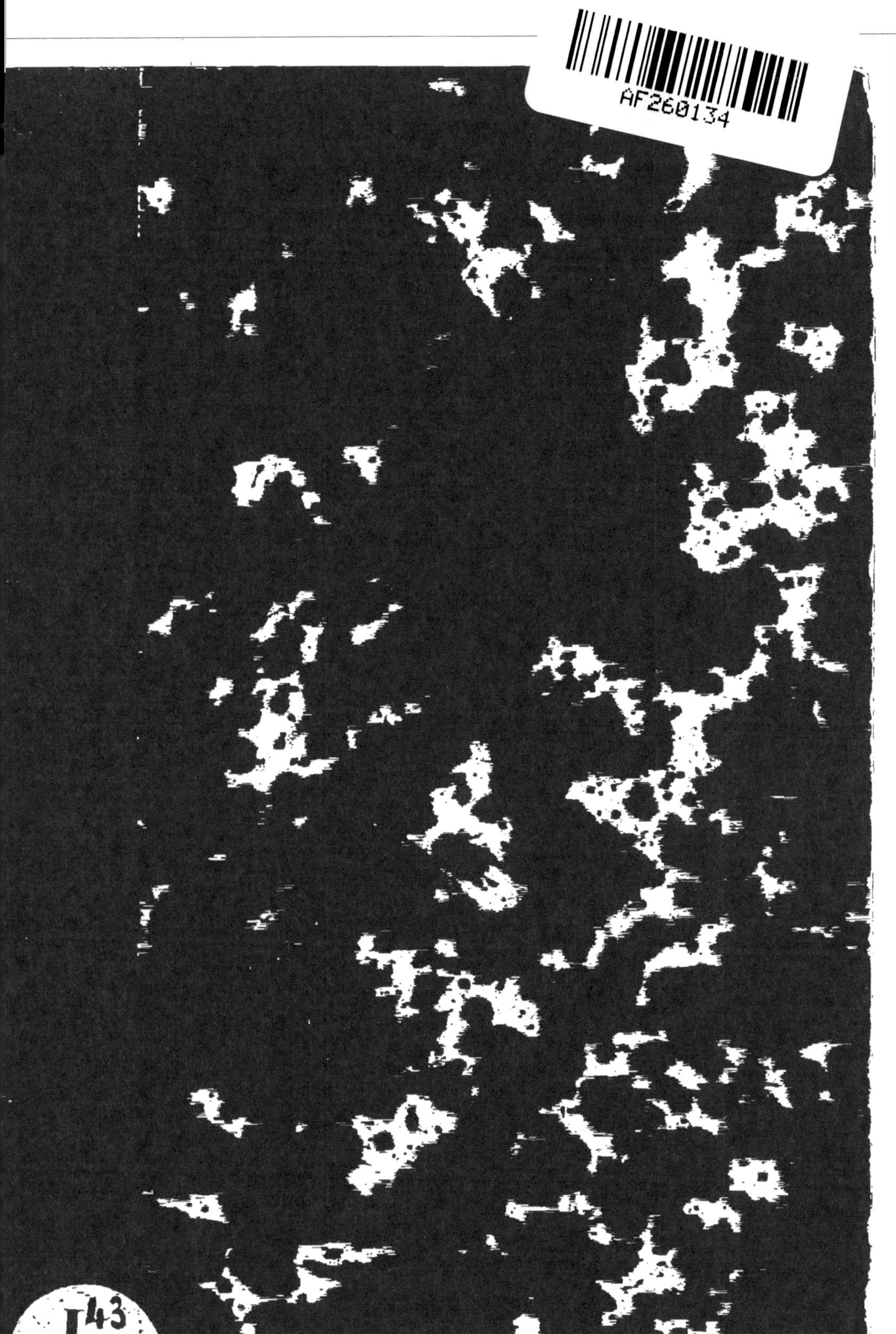

Lb 43
43

DU PACTE SOCIAL,

OU

EXAMEN RAISONNÉ

DE LA CONSTITUTION

DE L'AN VIII.

Par le Citoyen GILBERT, Médecin, Membre de la Société de Médecine et de celle des Sciences, Lettres et Arts de Paris.

A PARIS,

Chez Bacot, Libraire, grande Cour du Palais-Egalité, n.º 18.

Et chez les Marchands de Nouveautés.

AN VIII.

RAISON

DE LA

CONSTITUTION

DE L'AN VIII.

RÉFLEXIONS PRÉLIMINAIRES.

LA Constitution de l'an huit est jugée. Elle a pour défenseurs les bons esprits, les philosophes; elle a pour amis tous les François qui attachent leurs vœux sincères à la félicité publique, tous les citoyens qui veulent la gloire de leur patrie, le retour de l'ordre et la consolidation de la République dans la paix générale; elle doit donc avoir pour ennemis les factieux, les fripons et les sots, les partisans de l'ancien régime et ceux du régime de 1793. Je n'écris ni pour l'une ni pour l'autre de ces classes d'individus, et je n'ai pas besoin d'en déduire ici les raisons; mais je ne puis me dissimuler qu'il existe dans la République un assez grand nombre de bons citoyens, patriotes ardens, et sincères, qui croient la République perdue du moment où l'action du gouvernement s'est centralisée, qui ne voient dans le mouvement du 18 brumaire, que le passage de la démocratie à l'aristocratie monarchique; c'est à ces hommes de bonne foi que j'adresse les fruits de mes méditations. Soit que leur imagination exaltée, trop fortement attachée à la rigueur d'un principe dans son abstraction métaphisique, n'envisage dans toute modification de ce principe qu'une violation plus ou moins prononcée de la liberté publique · soit que, dépourvue de l'instruction nécessaire à l'étude des institutions sociales, leur religion civique se borne à suivre aveuglément les chefs d'une secte politique, à idolâtrer tout ce qui leur plaît, à exécrer tout ce qu'ils n'aiment pas, je me plais à penser que l'examen que nous allons faire ensemble de la Constitution, non-seulement les réconciliera avec elle, mais les portera à la chérir, à obéir aux loix qui doivent en émaner. Je n'exige que l'attention et la confiance d'hommes qui cherchent la vérité, et qui se sont entièrement dévoués à la cause du peuple.

Je leur demanderai d'abord ce qu'ils entendent par le mot *République*, et comment ils l'appliquent à une forme de gouvernement. Ce mot, pris dans le sens de son étimologie, exprime *la chose publique, Res publica*, et sous ce rapport, toutes les fois que les citoyens sont heureux, sous le seul empire des lois; toutes les fois que chaque citoyen rend au gouvernement ce qu'il lui doit de subsides, de services, de fidélité, et que le gouvernement rend à chaque citoyen ce qu'il lui doit à son tour, de liberté, de sûreté, de protection et de bonheur, la *chose publique*, la *République* existe dans le gouvernement, qnelle que soit sa forme. *Cicéron*, pressé par un tribun jaloux, disoit au sénat de Rome: je jure que j'ai sauvé la *République*. Mirabeau, pressé par une dialectique insidieuse d'adversaires puissans, dit à l'assemblée nationale de France: je jure, messieurs, que vous avez sauvé la République.

Mais si l'on n'envisage dans l'acception de ce mot que l'organisation sociale dans la distribution des pouvoirs, on doit entendre par *République*, cette forme de gouvernement, dans lequel les pouvoirs sont dans la main du Peuple. Or, le Peuple ne sauroit exercer ces pouvoirs que par lui - même, ou par délégation. Si par lui - même, il est évident que cette forme connue sous le nom de *démocratie pure*, ne peut se réaliser que dans les états très - circonscrits. On la vit établie à Athènes, à Sparte, dans les petites villes de la Grèce et de l'Asie Mineure, et dans les tems modernes, en Suisse et dans quelques Républiques d'Italie. Encore dans cet état de choses, des magistrats nommés par le Peuple proposent - ils les lois et les réglemens d'administration publique, que l'assemblée populaire adopte ou rejette par acclamation, ou par divers autres modes de consacrer sa volonté suprême. Lorsque le Peuple, à raison de l'étendue de son territoire, du grand nombre de ses habitans, ne peut exercer le pouvoir par lui-même, il le délègue, c'est-à-dire, qu'il choisit des hommes, lesquels investis de sa confiance, agissent en son nom, c'est ce qu'on appelle la *démocratie représentative*, *le système représentatif*, forme inconnue aux anciens, et qu'ils ne mirent en pratique que dans les cas où il fallut recourir à la défense commune des Républiques menacées. Telles furent les assemblées des *Amphyctions* dans la Grèce, des *Etats-Généraux* dans la Hollande : tel est le *Congrès* dans les États-Unis.

Le gouvernement actuel en France est organisé sur le système représentatif, les pouvoirs du Peuple s'y exercent par délégation ; ces délégations s'opèrent par des élections triennales. La France est donc un Etat républicain ; c'est une démocratie représentative qui a pour base la souveraineté du Peuple, l'égalité, la liberté ; la souveraineté du Peuple, car tous les pouvoirs délégués découlent de cette source sacrée et remontent vers elle ; l'égalité, puisque nulle distinction n'existe que celle des vertus et des talens ; la liberté, puisque l'amovibilité des magistratures actives est un point fondamental, et que le Peuple en retirant sa confiance aux élus, leur enlève par ce seul acte toute aptitude à l'exercice des fonctions publiques.

Il est bien démontré, d'après ce raisonnement, que la République française existe, qu'elle existe une et indivisible ; il est même facile de reconnoître que cette forme véritablement républicaine ne s'est jamais présentée dans les anciens gouvernemens qui n'étoient que des arisocraties. Les Républiques grecques comptoient plus d'esclaves que d'hommes libres ; la République romaine insultoit aux droits de l'homme et du citoyen, par les distinctions de *patriciens* et de *plébeïens*, sources de tant de maux ; les Républiques modernes, si l'on excepte la Suisse et les Etats-Unis d'Amérique, se fondent encore sur les différens ordres de l'Etat.

J'ose me flatter que toutes ces vérités se trouveront portées au plus haut degré de conviction dans l'examen de la Constitution.

Qu'il me soit permis d'arrêter un moment ma pensée sur les causes du changement qui s'est opéré dans le gouvernement.

S'il est vrai que l'histoire et l'expérience soient les leçons des Peuples ; Quelle école plus féconde en grands et terribles exemples que la nation française dans sa révolution ? A ne considérer que l'inconcevable rapidité avec laquelle les événemens politiques se sont suivis, touchés, amoncelés dans le court espace de dix années, ne diroit-on pas qu'un siècle de tems ordinaires s'est écoulé depuis le 14 juillet 1789, jusqu'au 18 brumaire an 8 ? Quel étonnant rapprochement de tous les contrastes ! Quels mouvemens impétueux de toutes les passions ! Quel héroïsme et quelle lâcheté ! Combien de vertus sublimes et de crimes atroces ? Le courage le plus intrépide à côté de la terreur la plus abjecte ! Des sacrifices sans nombre à la patrie et des dilapidations sans frein et sans mesure ! Ici le délire démagogique ensanglantant la République et hâtant la dissolution sociale, les talens et les vertus modestes voués à la proscription, le dévouement à la cause de la liberté, devenu un titre d'exécration publique ; Là le royalisme adroit avillissant les institutions républicaines, semant dans les cercles, sur les places publiques, aux théâtres ses germes contre-révolutionnaires, nos braves défenseurs couverts de l'admiration de toute l'Europe, et honnis dans leurs propres foyers. Le Peuple français marchant à grands pas vers la désorganisation sociale par la démoralisation ! Les sociétés populaires, ces temples de la révolution dans ses beaux jours, devenues des foyers de délations et de fureurs ; l'intolérance politique la plus absurde assise sur les ruines du fanatisme religieux et nobiliaire le plus insensé ! Le despotisme des rois abattu, pour faire place au despotisme non moins barbare du pouvoir révolutionnaire, décemviral, directorial ! les fonds publics livrés au plus infâme agiotage ! La valeur des domaines nationaux anéantie, des fortunes colossales acquises par de criminelles connivences des acquéreurs entr'eux et avec les administrateurs cupides en qui une nation trop aveugle plaçoit sa confiance ? telle est l'esquisse affoiblie des tableaux qu'a tour-à-tour présentés la révolution française. Combien de fois le philosophe dont la philantropie et les méditations politiques avoient rappellé le corps social à sa dignité première ; combien de fois l'écrivain courageux dont les mâles écrits avoient éclairé la nation sur ses droits, depuis si long-tems méconnus, n'ont-ils pas reculé d'horreur et d'effroi à l'aspect des

(9)

calamités qu'ils avoient eux-mêmes, pour ainsi dire, provoquées ?

Quelles ont été les causes de tant d'aberrations politiques et de leurs suites funestes ? Comment une révolution si généreuse dans ses premiers mouvemens a-t-elle été souillée par tant d'horreurs ? Où sont les patriotes de 89, si énergiques et si purs ?

Je vois la source de tous ces malheurs dans la corruption, l'asservissement, l'avilissement de l'opinion publique. C'est du moment où ce seul régulateur de l'énergie nationale a été perdu, que le Peuple français a cessé de reconnoître dans sa révolution, et le point d'où il est parti, et le but qu'il vouloit atteindre, et les limites qu'il ne devoit jamais franchir.

C'est dans la situation que je viens de peindre qu'il faut se placer pour juger la révolution du 18 brumaire et ses suites. Il est constant que dans ce relâchement général des ressorts de la machine politique, un grand mouvement pouvoit seul sauver la France. Tout le monde en convenoit, les partis opposés se disposoient à l'effectuer ; l'ancien régime d'un côté, le regime révolutionnaire de l'autre, l'anarchie dévorante entre ces deux écueils, nous menaçoient également. La sagesse du conseil des anciens faisoit depuis long-tems de vains efforts pour conjurer l'orage, et pour arrêter les progrés de la désorganisation ; il ne restoit plus qu'une ressource, mais elle étoit terrible ; il ne s'agissoit de rien moins que de créer une constitution nouvelle ; l'exécution d'un projet aussi grand avoit besoin d'une force assez puissante pour braver et renverser tout obtacle. Un homme se présenta au conseil des anciens. Environné de sa gloire, également recommandable par l'étendue de son génie, l'austérité de ses principes et de ses mœurs, fort d'une réputation immense, plus fort encore de l'estime générale, il offrit son bras, son courage et l'assistance de l'armée; il fut chargé de la direction du mouvement, il l'exécuta. Les fonds publics haussèrent, les gens de bien respirèrent, affranchis de la crainte du retour d'un régime abhorré, tous les cœurs s'ouvrirent à l'espérance, et la France abandonna un instant le soin de ses destinées à deux hommes également dignes de sa confiance. L'un, que je viens de désigner, l'autre que *Mirabeau* peignoit ainsi à l'assemblée constituante dans la séance du 19 mai 1790. *Ce grand homme, ce penseur profond à qui nous devons notre constitution, qui le premier a connu le droit représentatif des Peuples.* Il appartient au burin de l'histoire de tracer les causes secrettes qui ont amené les journées des 18 et 19 brumaire. Je n'arrêterai mes réflexions que sur la constitution nouvelle.

Je l'examinerai avec toute l'attention dont je suis capable, et dans la vérité de ma conscience. En rapprochant la constitution de l'an 8 des trois qui l'ont précédée, je rechercherai si les droits de l'homme et du citoyen ne sont pas mieux garantis dans cette dernière, si les formes républicaines n'y ont pas été conservées avec plus de force et de prudence : j'étudirai le pacte social nouveau dans ses rapports avec les circonstances qui nous environnoient, lorsqu'il a été présenté à l'acceptation du Peuple, pour reconnoître si cette institution n'est pas celle qui convient le mieux à notre situation actuelle. Dans le travail que j'ose entreprendre, si mes foibles moyens ne répondent pas à l'ardeur de mon zèle pour le bonheur de ma Patrie, je n'aurai pas du moins à redouter le reproche, ni de partialité, ni de passion. Je serai impartial, car ni dans l'ancien ni dans le nouveau régime, je n'ai encensé aucun pouvoir, je n'ai reçu les faveurs d'aucune cour; j'ai vécu dans l'obscurité qui convient à mes goûts et à ma philantropie. Je serai sans passion, car j'ai plaint, j'ai respecté, j'ai consolé les hommes vertueux livrés par le défaut d'éducation et de lumières aux suggestions du fanatisme royal, religieux ou démagogique. Je serai sans passion, car je n'ai jamais reconnu la liberté dans la licence, la dénonciation civique dans la délation, le patriotisme dans le dévouement aveugle à un parti, la république dans cette *ochlocratie* des Éphésiens qui, en chassant le philosophe *Hermodose*, déclarèrent par une loi, que nul ne devoit se distinguer chez eux par son mérite. *Nemo de nobis unus excellat. Cic. Tuscul. quæst. liv. 5.*

La constitution qui convient à un Peuple vieilli dans ses mœurs, ses usages, et l'habitude de longs et antiques préjugés ne sauroit être celle d'un Peuple neuf qui compose et organise sa première association politique. C'est une vérité de tous les tems qui n'a que trop été perdue de vue dans la révolution.

(12)

Toute constitution veut être examinée dans son ensemble et ses détails.

Une constitution est bonne dans son ensemble, lorsque ses dispositions bien enchaînées, sagement co-ordonnées entr'elles présentent par-tout l'application énergique et sage des vrais principes de l'organisation sociale, la souveraineté du Peuple, l'égalité, la liberté, et par des inductions nécessaires, les distinctions entre les citoyens, uniquement fondées sur la vertu, les talens et les services rendus à la patrie, la temporanéité des fonctions publiques, l'élection médiate ou immédiate des fonctionnaires par le Peuple, et leur responsabilité.

Une constitution est bonne dans ses détails, lorsqu'ils sont adaptés au caractère, aux mœurs de la nation à laquelle elle est destinée : lorsque ces détails ne présentent que les bases sur lesquelles repose toute l'action des pouvoirs : lorsqu'aucunes dispositions organiques, aucunes modifications réglementaires ne la surchargent : lorsque sa brièveté, sa simplicité sont telles que chaque citoyen en puisse facilement concevoir le sens et conserver les dispositions dans sa mémoire.

Une constitution est bonne dans son ensemble et ses détails, lorsqu'elle est conçue de manière à ce que l'action qu'elle établit soit toujours régulière et forte.

L'action d'une constitution républicaine est régulière, lorsque la liberté publique et la liberté civile sont assurées : lorsque les pouvoirs suprêmes sont maintenus dans une constante harmonie , lorsque l'un de ces pouvoirs ne peut tenter la prépondérance sans se trouver tout-à-coup écrasé , anéanti par le fait même de la Constitution.

L'action d'une Constitution républicaine est forte, lorsque les lois qu'elle organise émanent toujours , et nécessairement du concours des deux pouvoirs suprêmes: lorsque la majesté nationale est consacrée par l'éclat qui environne le gouvernement : lorsque la puissance nationale est à son *maximum* de force par la centralisation des moyens d'exécution , lorsque le gouvernement peut se rendre également redoutable aux ennemis du dehors et aux factieux de l'intérieur: lorsqu'il peut porter de grands coups, opérer de grands mouvemens sans secousses pour les citoyens observateurs des lois , sans risques d'ébranler la Constitution , sans alarmer la liberté publique , et sans donner naissance à des réactions.

Tels me paroissent être les caractères d'une bonne Constitution républicaine.

Telle ne fut point la Constitution de 1791 qui, blessant la déclaration des droits qu'elle avoit adoptée pour préambule et pour base, recréa le pouvoir royal héréditaire, et nécessita par des contradictions manifestes, entre ses principes et leur application, ces réactions populaires, ces mouvemens impétueux de la liberté naissante, qui déterminèrent la journée du 10 août et l'abolition du pouvoir monarchique.

Telle ne fut point la Constitution de 1793 qui, portant en principes la mise à mort d'un usurpateur par les hommes libres, sans aucune espéce de forme ou de jugement, armoit toutes les passions, allumoit toutes les haines et mettoit le poignard ou la torche dans la main du premier factieux : qui déclarant légale l'insurrection d'une fraction qnelconque du Peuple, méconnoissoit la souveraineté, qui n'existe que dans l'universalité des citoyens, et ouvroit la porte à tous les désordres de l'anarchie : qui attribuant à une nation de trente millions d'hommes, disséminés sur une surface de soixante millions d'hectares, la faculté de se réunir perpétuellement en assemblées primaires pour l'adoption ou le rejet des lois, ne présentoit qu'une monstruosité politique incompatible avec les mœurs, le caractère, les habitudes, les occupations du Peuple auquel elle étoit appliquée : qui parut enfin si inexécutable à ceux-là même qui l'avoient conçue dans leur machiavélisme, qu'à peine acceptée, ils la couvrirent d'un voile impénétrable.

Telle ne fut point la Constitution de l'an 3, qui dans l'amoncelement informe de trois cents articles, présentoit partout à côté des maximes fondamentales, des dispositions réglementaires, des modifications organiques, des formes futiles et incohérentes : qui créant deux chambres avec la faculté accordée à la seconde de discuter de nouveau les projets de lois déjà débattus et acceptés dans la première, établissoit par le fait une arêne de gladiateurs politiques se portant chaque jour de cruelles blessures, excitoit les rivalités,

les passions et l'esprit de parti, présentoit à la nation
le scandaleux spectacle d'une double assemblée dont
les membres, plus occupés de leurs passions individuelles que du bien public, s'anathématisoient mutuellement, et se dénonçoient tour-à-tour à l'opinion :
qui, renouvellant l'assemblée nationale par tiers chaque année, provoquoit les abrogations des lois ren-
dues, appelloit à des innovations continuelles dans
l'administration publique, et donnoit ainsi aux lois
émises un caractère d'instabilité, qui leur otoit le
respect et la confiance du peuple, en rendoit l'exécution difficile, et accroissoit chaque jour la masse
des mécontens ; qui créant un pouvoir exécutif composé de cinq membres investis d'une puissance égale,
priva le gouvernement de l'unité d'action qui lui
étoit nécessaire pour opérer le bien, et de la force attachée à cette unité d'action : qui ne présenta dans ces
quintumvirs renouvellés trois ou quatre fois par des
révolutions successives, ouvrages de leurs passions et
de leurs haines mutuelles, qu'un gouvernement sans
respect pour lui-même, sans considération au dehors,
sans crédit et sans confiance au dedans.

Les plans de Constitution présentés jusqu'à ce moment n'ont donc offert ni garantie au Peuple, ni
facilité d'exécution, ni combinaisons bien ordonnées
des pouvoirs. Il est donc vrai que si la République
française s'est maintenue malgré les vices de sa dernière Constitution, elle doit sa conservation non pas
au mode d'existence sociale qu'elle avoit adopté,

mais à l'abolition effective de la royauté, à l'anéan-tissement absolu de toute distinction de naissance, au courage de ses défenseurs sur les frontières, à la résignation avec laquelle les bons citoyens ont souffert tous les abus des divers pouvoirs, en attendant une organisation républicaine réelle.

La Constitution de l'an 8 présente dans son texte un laconisme, une simplicité, une clarté d'idées qui annonce l'étendue du génie du législateur qui l'a conçue, et la sagesse des commissions législative et consulaire qui y ont apporté quelques modifications. Elle contient dans un cadre fort resserré tout ce que comporte le systême représentatif dans son organisation complette, la déclaration de l'unité et de l'indivisibilité de la République, l'exercice des droits du citoyen, la conservation de la Constitution, l'établissement d'un gouvernement qui propose la loi, d'un tribunat qui la discute, d'un corps législatif qui la rend, d'une administration publique qui l'exécute, et des tribunaux qui l'appliquent.

Cette Constitution n'est pas sans doute arrivée au point de perfection où la porteront les lumières et l'expérience des générations futures; mais elle a la perfection relative qui lui convient dans notre situation actuelle. Elle est, sans contredit, au-dessus de toutes les Constitutions de l'Europe, elle est, avec celle des Etats-Unis, la seule vraiment républicaine qui existe.

Quelques

(17)

Quelques développemens des titres qui la conpo-
sent rendront ces vérités plus sensibles.

Ces titres
sont :
{
L'exercice des droits de cité.
Le sénat conservatenr.
Le pouvoir législatif.
Le gouvernement.
Les tribunaux.
La responsabilité des fonctionnaires
publics.
Les dispositions générales.
}

Je suppose la Constitution dans la main des citoyens.

TITRE PREMIER.

Exercice des droits de cité.

ARTICLE PREMIER.

Le premier article de la Constitution garantit l'Etat
des progrès d'une invasion redoutable de l'ennemi
extérieur, ou d'une insurrection allarmante au dedans. La République française, ce grand tout dont
les parties sont si intimement liées par les mœurs, le
génie, les usages, les habitudes, ne perdroit pas son
unité, son indivisibilité, sans de grands dangers pour
la liberté. Les Républiques de l'Europe sont à la vérité fédératives, mais il faut remarquer que ce genre
d'association politique a toujours eu pour origine la
nécessité dans laquelle se sont trouvé plusieurs

B

petits États particuliers de se réunir pour leur défense commune.

La division de la République en départemens et arrondissemens dont la circonscription n'est pas li_mitée, laisse au législateur la faculté d'en réduire ou d'en étendre les limites, de manière à concilier les dépenses publiques avec les besoins de chaque dé_partement, et de faire marcher d'un pas égal l'intérêt général et celui des localités.

La Constitution, art. 2, 3, 4, 5, rend un hom_mage solemnel à la morale, à la justice éternelle, à la souveraineté du Peuple. Cette déclaration la place fort au-dessus des Constitutions qui l'ont précédée. Elles exigeoient une contribution directe foncière ou person_nelle pour qu'on pût obtenir la qualité de citoyen fran_çais, elles établissoient ainsi en principes la violation de l'égalité politique, la distinction entre le riche et le pauvre, elles enlevoient le droit de suffrage à plusieurs citoyens vertueux, même éclairés; la Cons_titution de l'an 8 est plus essentiellement populaire; elle appelle indistinctement au droit de cité tous les Français qui, s'inscrivant sur le registre civique, dé_clarent qu'ils se reconnoissent membres du corps so_cial, et qu'ils en rempliront les devoirs comme ils en ont les droits; elle enlève ce précieux titre à tous ceux qui se sont séparés du corps social, soit parce qu'ils ont accepté des fonctions, titres, places, associations contraires à la démocratie, soit parce qu'ils ont été jugés coupables de délits attentatoires aux droits de tous;

elle en suspend seulement l'exercice dans tous les cas de présomption légale du crime, ou de non liberté de suffrages.

Art. 6, 7, 8, 9, 10, 11, 12, 13, 14.

La qualité de citoyen, établie, ainsi que l'expression des conditions qui peuvent maintenir, anéantir ou suspendre l'exercice de ses droits; il s'agit de régler cet exercice et d'en déterminer la nature et les limites. Le droit du citoyen français, est de pouvoir être promu à toutes les fonctions publiques par le seul effet du suffrage de ses concitoyens, décerné d'après les formes constitutionnelles.

Le mode d'exercice des droits de cité est la pierre de touche d'une Constitution populaire. Examinons si celle de l'an 8 consacre toutes les mesures nécessaires à l'émission libre du vœu du Souverain, considéré dans l'universalité des citoyens. La démocratie est *pure* ou *représentative*. La République française, composée de 31 millions d'individus en activité continuelle d'affaires publiques ou privées, ne peut et ne doit admettre que la *démocratie représentative* : il ne s'agit plus que d'asseoir les bases de la représentation nationale la plus libre, la plus sage, la plus éclairée. Les assemblées primaires et électorales des dernières Constitutions ne paroissent pas avoir atteint ce but désirable. Une expérience de huit à dix années n'a que trop prouvé combien il étoit facile aux passions de s'en emparer, et d'en diriger les choix contre l'utilité publique. On sait de combien de désordres elles ont été le théâtre, on sait comme elles se sont abandonnées aux fureurs des factions qui les ont tour-à-tour subjuguées.

Les assemblées primaires et électorales qui élurent la première législature en 1791, furent assez calmes; cependant on trouva déjà le moyen d'y travailler les esprits et d'y former des brigues.

Les assemblées de 1792, pour la nomination des membres de la convention nationale, furent enflammées par les sociétés populaires qui déjà se divisoient en partis exaspérés, et les élans du patriotisme y furent souvent étouffés par les vociférations du fanatisme politique.

Celles de 1793 se formèrent et se tinrent sous les poignards. Ce fut là que s'organisa le régime de la terreur, et le mouvement ultra - révolutionnaire de l'an deux.

Les assemblées primaires et électorales de l'an trois présentèrent tous les caractères d'une réaction violente, et les choix se ressentirent de cette influence funeste,

Celles de l'an cinq furent infectées, maîtrisées, organisées par le royalisme, et les élections prirent cette couleur.

Celles de l'an six et de l'an sept obéirent servilement aux impulsions directoriales.

Quels ont été les résultass nécessaires des commotions de ces diverses assemblées? Plusieurs hommes probes, ennemis du désordre, des citoyens amis des lois, qui ne se sont ni livrés ni vendus à aucun parti, ont craint d'assister à ces réunions turbulentes, et bien que ce fut un vrai délit social, puisque leur masse eût constamment étouffé le germe des partis, maintenu l'ordre ou appaisé les troubles, il est arrivé qu'un grand nombre d'assemblées primaires et électorales, loin de présenter le vœu du souverain, n'a offert que la volonté d'une fraction du Peuple, quelquefois réduite au vingtième des citoyens ayant droit de voter. On a vu des assemblées électorales n'être composées que d'un nombre de votans égal à celui des députés à élire, de sorte que les honneurs de la représentation nationale se répartissoient entr'eux. Ce mode de réunion des citoyens étoit donc entaché d'un vice radical ; il étoit donc indispensable de le réformer.

La Constitution de l'an huit remédie à ces désordres. Tous les citoyens sont également admissibles à toutes les fonctions publiques, première condition d'une Constitution populaire ; mais nul ne peut y être admis qu'il n'ait obtenu le suffrage solemnel de ses concitoyens qui le déclarent digne d'exercer ces fonctions, second caractère de la démocratie. Ce premier témoignage de confiance est également honorable au Peuple qui le décerne et au citoyen qui l'obtient. Ce vœu du Peuple se déclare par une liste contenant un nombre égal au dixième de celui des citoyens qui ont droit d'y coopérer. Si le Peuple est libre dans son choix, il est hors de doute que cette première liste présentera le plus souvent la généralité des citoyens qui ont le plus de droits , par leurs talens et leurs vertus , à la confiance populaire. Cette liste séra trop nombreuse pour donner des moyens à l'intrigue et à la vénalité , elle ne le sera pas assez pour que les élections puissent se faire avec indifférence. Le Peuple se souviendra sans doute qu'il nomme implicitement ses tribuns , son sénat , son corps législatif , ses consuls , ses administrateurs et ses juges.

Et cette indétermination même fermant tout accès à la cabale et à la corruption , portera naturellement les choix vers les sujets les plus dignes , parce que le Peuple choisit toujours bien lorsqu'il n'est pas aveuglé, fasciné par l'enthousiasme , les passions ou l'intérêt privé. Il est évident que cette première liste annonce l'expression de la volonté générale. Cette opération fondamentale achevée , toutes les autres peuvent être regardées comme de simples scrutins épuratoires successifs qui ne peuvent guères être alimentés par l'intrigue; elle n'y trouve point d'accès. Chaque liste , en se réduisant au dixième de sa totalité , ne nomme immédiatement aucun fonctionnaire , mais désigne seulement ceux que les citoyens regardent comme les plus propres à former la liste sous décuple suivante. Cette forme d'élection de candidats est un chef-d'œuvre politique sous quelque rapport qu'on la considère. Elle entretient l'exercice habituel des vertus publiques et privées dans toutes les classes ; elle force le citoyen, quelle que soit sa place , à vivre dans les liens d'une aimable et douce égalité avec tous ses concitoyens dont les suffrages peuvent l'appeler, le porter sur les listes, l'élever successivement jusqu'à la liste nationale. Cette gradation successive des listes donne un garant de plus à la liberté publique, en forçant les candidats à accepter, à remplir les fonctions communales, départementales qui servent ainsi d'honorables noviciats aux premières fonctions de la République.

La France compte dans sa population environ 31 millions d'individus; retirant de ce nombre quinze millions cinq cent mille femmes, sept millions sept cent mille enfans au-dessous de vingt-un ans, trois millions huit cent mille individus ne pouvant ou ne voulant voter, il restera près de quatre millions de votans qui fourniront une liste communale de quatre à cinq cent mille, une liste départementale de quarante à cinquante mille, une liste nationale de quatre à cinq mille éligibles, ou citoyens désignés pour remplir toutes les fonctions publiques auxquelles eux seuls pourront être appelés. Ces éligibles des diverses listes seront toujours intéressés à conserver l'estime qui les aura fait inscrire; ils auront présente à l'esprit cette disposition de l'article II, par laquelle le Peuple peut leur retirer leur confiance pour l'accorder à des hommes qu'il aura mieux connus, mieux appréciés, ou qui se seront distingués depuis les inscriptions dernières : mais ce qui prouve combien cette forme d'élections est vraiment démocratique, c'est qu'il ne sera pas nécessaire de commettre un délit réel, effectif, pour que le Peuple fasse ses radiations ; apperçoit-il qu'un citoyen ambitieux menace la liberté publique, il l'efface de la liste nationale, et cette absorption le replaçant au rang des citoyens non éligibles, il subit une espèce d'ostracisme très-réel, mais qui n'a rien de farouche, de cruel ou d'injuste.

Cependant le grand caractère de la constitution de l'an 8 étant d'imprimer de la stabilité et de la force aux institutions sociales qu'elle doit créer, il eût été à craindre, si le renouvellement des listes avoit eu lieu chaque année, que l'intrigue et l'esprit de parti n'eussent déterminé des changemens trop fréquens qui auroient pu devenir funestes à l'Etat. Voilà pourquoi cette grande et belle opération n'a lieu que tous les trois ans; les candidats ont eu le tems d'assurer par leurs talens, leurs vertus et les services qu'ils rendent à la Patrie, la confiance qui leur a été accordée : le Peuple a eu le tems de les juger.

Ici se borne l'exercice de la souveraineté du Peuple; mais pour peu qu'on réfléchisse sur l'étendue du droit qu'il a exercé, qu'il exerce tous les trois ans; pour peu que l'on observe que tous les éligibles, tous les fonctionnaires publics se trouvent placés sous sa surveillance continuelle, qu'il jouit à l'égard de tous de ce beau droit de *censure* qui maintint si long-tems à *Rome* la pratique des vertus publiques et privées, on sera convaincu que jamais la démocratie ne fut plus dignement, plus solidement établie. Toutes les magistra-

(25)

tures s'abaissent devant la majesté du Peuple. Le gouvernement lui-même, quelle que soit la latitude de son
pouvoir, n'a la liberté de choisir ni les agens de l'administration publique, ni les ministres, ni le conseil
d'Etat, ni les membres des tribunaux, que sur les listes
populaires, et il ne les maintient en place qu'autant
qu'ils sont eux-mêmes maintenus sur les listes.

Les nominations immédiates des membres des administrations communales et des juges de paix, par le
Peuple, attachent particulièrement ces fonctionnaires
à leurs devoirs.

La nécessité de faire marcher de suite la Constitution
a déterminé la première nomination des fonctionnaires
publics; la nécessité de la mettre promptement en
pleine et entière activité, et de l'affermir sur ses bases,
a fait différer jusques en l'an 9 la formation des listes
d'éligibles que doit nommer le Peuple; la nécessité
de conserver, même après la formation de ces listes,
des fonctionnaires qui soient en état de continuer le
mouvement imprimé à la machine politique, a dicté
les dispositions de l'article 14.

Le choix fait par le Sénat conservateur et par le gouvernement, des fonctionnaires aux mains desquels est
remis le soin d'organiser la Constitution de l'an 8, et
de verser un baume consolateur sur les plaies pro-
fondes de la patrie, rassure les vrais amis de la liberté et de la République. Tous ont donné des gages à
la révolution; tous l'ont servie par leur courage, leurs

travaux, leurs sacrifices ; la plupart d'entr'eux sont honorablement connus par leurs connoissances en matière d'économie politique.

TITRE II.

Sénat Conservateur.

ART. 15, 16, 17, 18, 19, 20, 21, 22, 23, 24.

La volonté du Peuple émise, soit immédiatement par la confection de la liste communale des éligibles, soit médiatement par les listes départementales et nationales, fruits de deux épurations successives, il restoit à la Constitution à déterminer le mode de nomination décisive aux fonctions publiques nationales. Elle a créé un sénat chargé de cette auguste mission. Il étoit nécessaire que ce corps électoral se trouvât placé au centre de la république, afin que son œil observateur, dirigé tour-à-tour vers tous les départemens, y pût reconnoître sur les listes nationales les hommes que leurs talens, leurs vertus, les services rendus à la patrie ou à leurs concitoyens devoient appeler aux premières magistratures. Il falloit que cette assemblée fût tellement respectable qu'il n'appartînt jamais à l'opinion de la soupçonner de partialité ou de passions : il falloit que nulle influence, pas même celle des suprêmes pouvoirs, ne pût jamais se faire sentir au sein du sénat. Ses membres devoient donc vivre dans une indépendance absolue ;

dès-lors ils devoient être inamovibles, ils devoient jouir d'un traitement proportionné à la dignité, à la grandeur de leur ministère.

Mais si ces hommes ne devoient recevoir aucune influence, il n'étoit pas moins nécessaire qu'ils n'en exerçassent aucune dans l'Etat ; car, chargés d'élire les législateurs, les tribuns, les consuls, les juges de cassation et les commissaires à la comptabilité, ils pouvoient acquérir une considération, une faveur, une autorité dangereuse à la liberté publique ; ils pouvoient, dans l'ivresse de la jouissance de leurs droits, choisir dans leur propre sein les hommes à placer au timon de l'Etat, et constituer ainsi une aristocratie d'autant plus dangereuse, que de sa nature elle devenoit permanente. Il étoit donc indispensable que la Constitution les plaçât dans l'heureuse impossibilité de nuire en les rendant à jamais inéligibles à toute fonction publique. Telles sont les précautions que le législateur a prises dans la création du Sénat conservateur. Ce n'est point une autorité, ce n'est point une magistrature, c'est le génie tutélaire de la Constitution. Il est placé hors de toutes les fonctions pour juger les inconstitutionalités, et ramener ainsi sans secousses, sans violence, et par un vrai recours à l'organisation sociale elle-même, les autorités vers leur régulateur.

Les deux pauvoirs suprêmes devoient concourir à la nomination des sénateurs, ces places étant pour ainsi dire le *nec plus ultra* des honneurs de la République, et ne devant jamais être que le prix de longs et signalés services rendus à la patrie, d'un long et constant exercice de toutes les vertus.

Il étoit convenable que le premier consul, le vrai représentant de la majesté nationale, passât de nécessité dans le sénat à l'expiration de ses fonctions. La Constitution a, par cette disposition, pourvu à ce que ce premier fonctionnaire, investi du plus grand pouvoir, ne pût, en rentrant dans la classe des citoyens, arriver de nouveau à la magistrature suprême par l'intrigue, et menacer la liberté. Ainsi, que l'entrée nécessaire du premier consul au sénat conservatenr soit le prix des services qu'il aura rendus à la patrie, ou que ce soit une espèce d'ostracisme honorable, la liberté publique se trouve ainsi garantie des atteintes du pouvoir exécutif, un premier consul ne pouvant être réélu une seconde fois, à moins de l'être de suite.

Le second et le troisième consuls n'entrent pas de droit au sénat, parce que n'ayant pas reçu les mêmes pouvoirs que le premier, on peut les voir sans crainte rentrer au rang des simples citoyens ; cependant la Constitution leur accorde le prix des services qu'ils ont rendus, en leur ouvrant la porte du sénat ; elle la leur ferme, s'ils ont quitté leur place par démission, la démission supposant un refus motivé ou non de continuer l'exercice d'une fonction.

Le passage libre et nécessaire des consuls dans le sénat paroît avoir encore cet avantage précieux, qu'après avoir géré pendant dix ans la République, ils doivent connoître particulièrement et les hommes et les choses, et l'esprit public et le jeu des passions individuelles. Ils peuvent donc fournir sur tous ces objets, au sénat, les renseignemens les plus utiles et les plus propres à le diriger dans le choix des sujets à appeler aux fonctions nationales et dans le choix des moyens propres à garantir la Constitntion de toute atteinte.

Les actes d'*inconstitutionalité* ne peuvent être jugés par le sénat qu'ils ne lui aient été formellement déférés par le tribunat ou le gouvernement; car s'il avoit eu le droit d'appeler à lui tous les actes rendus et de les juger, il devenoit alors lui-même un pouvoir redoutable dans la Constitution.

Si les séances du sénat conservateur sont secrettes, c'est que ses fonctions se bornant au maintien de la Constitution par le choix médité des premiers fonctionnaires publics, et les épurations exigeant quelquefois des renseignemens particuliers sur les individus, ces opérations ne pourroient être divulguées sans exciter souvent des ressentimens, des récriminations toujours dangereuses, sans ôter aux membres du sénat la parfaite indépendance dans laquelle ils doivent être, pour que leurs choix soient entièrement libres. Ces séances doivent être encore secrettes dans les opérations relatives au maintien ou à l'annulation des actes qui lui sont déférés comme inconstitutionnels, afin de conserver à leurs arrêtés la dignité dont ils ont besoin pour recevoir le sceau de l'opinion publique.

Quant au traitement de vingt-cinq mille francs que reçoivent les sénateurs, il a dû être tel que l'exige et la dignité de la République française, et la nature de leurs fonctions. La situation actuelle des fonds publics rend pénible à quelques esprits l'idée des forts traitemens accordés aux principaux fonctionnaires publics; mais le retour du crédit, l'assurance d'une paix prochaine, l'économie qui s'opérera sur toutes les parties de la dépense nationale, donneront bientôt une autre direction aux idées : on sentira la différence énorme qui existe encore entre les salaires accordés aux premiers magistrats d'une République immense, et les appointemens que l'ancien régime fournissoit aux fonctionnaires relatifs. Au reste les dépenses actuelles des traitemens, comparées avec celle du même genre dans la Constitution de l'an 3, offrent une diminution de sept à huit millions par an.

TITRE III.

Pouvoir législatif.

Art. 25, 26, 27, 28, 29, 30, 31, 32, 33, 34, 35, 36, 37, 38.

La première et la plus intéressante question qui puisse se présenter sur l'établissement du pouvoir législatif, est celle de savoir si l'intervention du pouvoir exécutif est nécessaire à la confection des lois, et quel est le meilleur mode de cette intervention.

Les législateurs ont senti dans tous les tems que l'ouvrage des lois ne pouvoit se passer du concours du pouvoir exécutif, non pour exprimer la volonté générale ; car le pouvoir législatif créé par le Peuple n'a besoin que de lui-même à cet égard ; mais parce que la première condition d'une loi est d'être *juste*, et qu'il est difficile qu'elle le soit, si le législateur n'est parfaitement instruit des motifs qui l'appellent, des circonstances relatives à son application ou à son mode d'exécution. C'est par le concours d'action des deux pouvoirs suprêmes que la loi acquiert ce caractère sacré qui plie tous les citoyens sous son joug salutaire, et qui obtient d'autant plus d'obeissance que la nation est plus indépendante et plus libre. Ce n'est donc pas une vérité en économie politique, que la fameuse divison des pouvoirs. Cette division, au contraire, est la source des rivalités et des haines qui ont tant de fois signalé leurs mouvemens funestes. Il est indispensable que les pouvoirs suprêmes agissent dans une harmonie constante. C'est à cette harmonie que tient la liberté, la prospérité publique : on a dit que le pouvoir législasif est la pensée du gouvernement, et que le pouvoir exécutif en est le bras. Cette pensée est plus brillante qu'exacte ; je la regarde comme une abstraction métaphisique qui n'a point d'application réelle parmi les hommes en société. Ce qui convient, c'est que les deux pouvoirs s'éclairent mutuellement, qu'ils débattent ensemble les avantages et les inconvéniens d'une loi, qu'ils balancent l'intérêt général et les intérêts privés, qu'ils concilient la liberté publique avec la liberté individuelle, qu'ils applanissent les difficultés de l'exécution ; en un mot, qu'ils concourent par la pensée à la formation de la loi. Alors le pouvoir exécutif, armé de la puissance nécessaire, demeure seul chargé de la grande responsabilité de l'exécution.

L'intervention du pouvoir exécutif est donc indispensable. Recherchons mantenant le mode le plus régulier de cette intervention. Le gouvernement ne peut concourir à la formation de la loi que par l'initiative, les débats mutuels, ou la sanction.

De là ces acceptations de toute forme dans les divers gouvernemens, ces enregistremens, ces *veto* de toute espèce : institutions qui ont été si funestes en France à la chose publique.

De là ce *veto royal suspensif* de la Constitution de 1791, qui, fournissant au monarque des moyens d'opposition à la formation des lois, pendant plusieurs législatures, avilissoit, annihiloit de fait le pouvoir législatif, et constituoit l'autorité absolue.

De là ce *veto populaire* de la Constitution de 1793, qui, devant se prononcer sur chaque loi, par le Peuple réuni en assemblées primaires, établissoit une agitation permanente dans une masse de trente millions d'individus, et constituoit de fait, non l'expression de la volonté générale, mais celle des volontés individuelles d'une faction quelconque prédominante.

De là ce *veto sénatorial* d'une des chambres sur

l'autre

l'autre dans la Constitution de l'an trois , foyer perpetuel de discorde et de haine entre les deux conseils : veto qui , ne laissant au pouvoir exécutif que la concurrence dérisoire des simples projets de lois , fit souvent avorter les propositions les plus sages par la seule motion d'ordre du jour, provoqua la mauvaise-foi , les lenteurs dans l'exécution , éteignit la confiance , avilit à la fois les deux pouvoirs suprêmes , et frappa de mort cette Constitution.

L'expérience ayant prouvé que ces diverses espèces de sanction n'offroient à la Constitution d'un Peuple libre , aucune garantie ; aux citoyens , aucune espérance de bonnes lois ; à la volonté générale aucun moyen de s'exprimer librement ; on a jugé plus conforme à l'intérêt public de faire concourir d'une manière efficace le gouvernement à la formation de la loi. Des hommes , ou malveillans ou peu éclairés , font entendre que ce mode anéantissant la démocratie , met une masse trop grande de forces dans les mains du pouvoir exécutif ; que le gouvernement peut paraliser la législature ou en disposer à son gré , soit en n'envoyant ancuns projets de lois , soit en ne présentant que ceux qui conviennent au maintien ou à l'extension de son autorité. Certes , ces objections seroient d'un grand poids si elles étoient fondées ; mais elles sont renversées par la double autorité des faits et de la raison : par les faits, car les démocraties les plns pures qui existent en Europe, les *Cantons Suisses* ont cette forme. Le Peuple tout entier se réunit

C

dans un vaste espace ; le chef unique du gouvernement, le *landman* propose seul tous les projets de loi nouvelle, toutes les délibérations d'intérêt public, il en expose les motifs, des orateurs du Peuple les débattent, le Peuple en masse approuve ou rejette. Rapportez cette Constitution d'une *démocratie pure* à une *démocratie représentative*, rapprochez ces projets de lois, proposés par un magistrat suprême, unique, des projets médités par un conseil d'état créé par la Constitution, composé d'hommes placés par le Peuple sur la liste des éligibles ; et concluez que la liberté n'a rien à redouter de ce mode de formation de la loi. Le gouvernement ne peut pas davantage paraliser la législature, ou en disposer à son gré ; car le corps législatif est là, et son scrutin secret sert de barrière à toutes les entreprises du pouvoir exécutif.

Si maintenant nous consultons l'utilité publique, l'intérêt des gouvernés, dans la formation de la loi, il est évident que l'initiative du gouvernement est indispensable ; lui seul en effet peut éclairer le législateur sur la nécessité d'une loi nouvelle, ou sur l'abrogation d'une ancienne loi ; lui seul peut donner les renseignemens nécessaires sur les circonstances qui en provoquent l'urgence, sur les modifications qu'elle peut et doit recevoir dans ses détails. Le gouvernement seul sait ce qui se passe dans la République, connoît les ressources et les besoins, la situation actuelle de toutes les branches d'administration générale, les projets des puissances ennemies, les mouvemens de l'esprit public au dedans, les dépenses permanentes et provisoires, les recettes réelles ou fictives ; et si l'on excepte les lois dont l'ensemble doit former les codes civil et criminel, il n'en est pas sur laquelle le législateur n'ait besoin de l'intervention du gouvernement. Je crois avoir démontré les avantages et la nécessité de l'initiative du pouvoir exécutif en matière de loi ; je me suis peut-être un peu appesanti sur les détails, je les ai jugés utiles, parce que le danger de cette initiative dans les mains du gouvernement est un des grands moyens des adversaires de la Constitution de l'an 8.

Art. 27, 28, 29, 30, 31, 32, 33, 34, 35, 36, 37, 38.

La composition du pouvoir législatif présente les plus grandes espérances pour la félicité publique et la gloire du Peuple français. Les élémens de ce pouvoir paroissent combinés de manière à conserver à la représentation nationale, les moyens de développer la plus grande énergie, sans franchir les limites de la modération et de la vérité, de concilier la liberté entière des discussions avec la sagesse et la maturité des délibérations.

Le renouvellement du tribunat et du corps législatif, par cinquième chaque année, se fera sans crise, laissera dans l'assemblée assez d'hommes éclairés sur les affaires du moment. Le Peuple n'aura plus à craindre cette instabilité, ces divagations, ces mouvemens continuels dans la législation qui ont si long-tems fatigué la nation française, lorsque le corps légis-latif se renouvelloit par tiers. Trois cents membres dans le corps législatif, cent membres dans le tribunat élus par des épurations successives, et enfin par le sénat conservateur, présenteront presque toujours une masse de talens et de vertus, propre à fixer en leur faveur l'opinion publique et à préserver le liberté de toute atteinte. La faculté d'être rééligibles leur imposera la nécessité de conserver par le travail, l'intégrité, la force et la sagesse, la confiance qui les aura appelés à ce poste d'honneur. Voilà pourquoi cette faculté est particulièrement accordée aux tribuns, tandis que les membres sortant du corps législatif n'y peuvent plus entrer qu'après un an d'intervalle. C'est aussi par cette raison que le tribunat est permanent, ses fonctions s'étendant à tout ce qui intéresse la République, tandis que celles du corps législatif se bornant à la législation, sa session n'est que de quatre mois.

Les fonctions des tribuns sont de la plus haute importance. Si le sénat conservateur maintient la constitution en protégeant ses formes sacrées contre les erreurs de toutes les autorités, le tribunat est une puissance active dans les mains de laquelle les intérêts les plus chers à un Peuple libre, ont été déposés. Sentinelle vigilante, garde avancée de la Constitution et de la République, le tribunat surveille toutes les parties de l'administration publique, propose les améliorations, défère les abus, dénonce les ministres prévaricateurs, ou les chefs de l'Etat dans la personne des ministres signataires responsables : mais pour que cette faculté ne pût jamais dégénérer en abus de pou-

voir, pour garantir la liberté publique en retenant
cette magistrature dans de justes limites, la Constitution a sagement prononcé que l'expression du vœu
du tribunat n'auroit aucune suite nécessaire et n'obli-
geroit aucune autorité constituée à une délibération.
C'est un simple avertissement donné au pouvoir exécutif, c'est un appel à l'opinion publique, mais un
appel qui ne sera jamais sans effet avantageux, lorsque la vérité et l'utilité générale l'auront prononcé, car
l'opinion est le juge suprême des gouvernans; ils
ne bravent pas long-tems impunément son autorité.
Le premier magistrat lui-même ne pourroit plus rien
dans la République, du moment où la confiance populaire lui échapperoit. C'est ainsi que la Constitu_
tion a fixé les attributions des magistratures législa-
tives et les bornes qu'elles ne peuvent franchir ; c'est
ainsi que sans secousses, toutes les parties de l'administration se maintiendront dans cette activité pru-
dente qui constitue la vie et la santé du corps social.

La Constitution accorde au tribunat seul la faculté
de discuter librement les projets de loi ; d'envoyer
ensuite trois orateurs en plaider l'adoption ou le rejet
devant le corps législatif, contradictoirement avec les
orateurs du gouvernement, pris dans le conseil d'état :
cette forme, tout-à-fait neuve, produit d'une grande
conception, est un moyen infaillible d'obtenir de
bonnes lois. On aime à voir la liberté la plus illi-
mitée, la liberté inviolable des opinions, débattre un
projet au tribunat, le modifier, le saisir sous tous les

rapports pour les faire tous concourir au bonheur public. On aime à voir des orateurs recommandables par leurs talens et par la manière dont ils ont éclairé la discussion, porter au corps législatif l'expression du vœu du tribunat, appuyer ou combattre le projet avec toutes les forces de la raison et de la vérité. Ces grandes causes se plaident devant des hommes que leurs vertus et leur amour pour la République ont rendu dignes aux yeux du Peuple et du Sénat de remplir d'aussi augustes fonctions. C'est l'*aréopage d'Athènes*, lorsque *Solon* lui confia l'inspection générale des lois. Nulle passion, nulle partialité, nul intérêt privé ne trouble les orateurs ; ils sont entendus dans le silence. Les législateurs comparent, pèsent les raisons et passant ensuite au scrutin secret, forment la loi par la majorité des suffrages. Le scrutin secret favorise la liberté, écarte tout esprit de parti, étouffe tout germe de dissention, enlève aux factieux et aux agitateurs l'espoir de s'emparer de l'assemblée. Ce mode d'opiner étoit celui de l'illustre *aréopage* qu'on ne sauroit trop citer ; il fut aboli par les trente tyrans qui voulant connaître le parti que prenoit chacun des juges, établirent les tables de calcul. L'émission de l'opinion individuelle par l'assis et levé, par le scrutin à haute voix, par l'appel nominal, ayant été en France le signal des proscriptions et des dissentions civiles, il a paru d'autant plus convenable d'adopter le scrutin secret qu'on ne préjuge pas qu'un corps législatif puisse se laisser corrompre.

Dans l'ancienne Constitution, il suffisoit au gouvernement qui vouloit faire passer une loi, de gagner quelques hommes marquans dans les conseils par leurs talens, ou leur influence. Dans la Constitution actuelle, il est évident que le scrutin secret forceroit le gouvernement à s'assurer de 51 voix dans le tribunat, de 151 dans le corps législatif.

La publicité des séances offre à tous les citoyens la facilité si avantageuse dans un état républicain de s'éclairer par les débats, de s'accoutumer à la discussion des affaires publiques, de se préparer à l'exercice des fonctions qu'ils peuvent être appellés à remplir, de bien apprécier les motifs d'une loi rendue, d'instruire leurs concitoyens, de les remplir d'un saint respect pour les lois, et de prendre à la chose publique, cet intérêt dont il est si essentiel que tout citoyen d'un état libre soit animé.

Reste alors la promulgation des lois, elle est fixée au dixième jour après son émission. La Constitution a jugé cet intervalle suffisant pour que le gouvernement ou le tribunat défère au sénat conservateur les inconstitutionalités dont elles pourroient être entachées ; cependant si ces pouvoirs n'ont pas usé de leurs droits, si la promulgation est faite, le recours au Sénat est interdit. Cette précaution sage met le gouvernement à l'abri des secousses qu'entraîneroit le rapport d'une loi utile, et déjà en exécution ; elle avertit le tribunat de déférer dans le tems fixé et le rend responsable de son défaut de vigilance à cet égard.

Ainsi se compose le pouvoir législatif. Tous ses mouvemens paroissent dirigés de manière à entretenir
une harmonie constante avec le pouvoir exécutif;
harmonie qui conserve les droits du Peuple, et lui
assure de bonnes lois.

L'article 31 , qui impose au sénat conservateur
l'obligation de choisir dans les trois cents membres
qui forment le corps législatif, au moins un citoyen,
de chaque département, est un appel fait à son intégrité. Il n'arrêtera pas ses choix dans une circonscription telle que le plus grand nombre des citoyens
se trouve, avec les talens nécessaires , privé par
le fait du droit d'être promu aux premières fonctions publiques. Ce seroit la plus grande et la plus
injurieure violation de l'égalité des droits du citoyen,
qu'une fraction quelconque du Peuple, qu'une ré-
gion quelconque de la République se trouvât jamais
en jouissance du privilège de fournir seule, ou presque seule aux grandes magistratures, des fonctionnaires dont elles ont besoin. Alors s'établiroit l'aristocratie d'une certaine classe d'hommes; la prépondérance politique des villes importantes par leur population , par leursrichesses, leurs établissemens , leurs
monumens; peut-être le despotisme d'une ville cen-
trale qui, offrant tout l'essor à l'ambition et aux talens, appelleroit et fixeroit, dans son sein, tous ceux
qui aspireroient aux grandes fonctions publiques;
un tel état de choses corromproit promptement
l'organisation sociale dans sa source, feroit éclore les

germes d'un mécontentement général, en propageant l'injustice.

L'article 33 donne quatre mois de séance par année au corps législatif. En effet, l'expérience a prouvé que la multiplicité des lois énerve l'action du pouvoir exécutif, et déplaît au Peuple. Lorsque le code civil et criminel seront tracés, il ne restera que les lois d'adminisrration publique et celles de circonstance ; quatre mois suffiront toujours à ce travail, et d'autant plus facilement qne le corps législatif peut être extraordinairement convoqué par le gouvernement.

TITRE IV.

Gouvernement.

Art. 39 , 40, 41 , 42 , 43 , 44, 45 , 46 , 47 , 48 , 49, 50, 51 , 52 , 53 , 54 , 55, 56 , 57 , 58 , 59.

La compositiou du pouvoir exécutif, dans les Républiques, a toujours été le problême d'économie politique le plus difficile à résoudre. On ne peut examiner l'étendue du pouvoir que la Constitution de l'an 8 confère au gouvernement, sa nature, ses attributions , ses limites , sans se rappeler l'état d'où nous sortons, sans jetter quelques regards eu arrière sur les diverses formes de gouvernement qui ont été mises en activité par les Constitutions précédentes, et sur ce qui en est résulté pour le bonneur du Peuple et la conservation de la liberté publique. Ces réflexions conduiront peut-être les bons esprits à penser avec moi que la nation s'est trouvée dans la nécessité d'accorder de grands pouvoirs, et pour ainsi dire un abandon de confiance à un premier magistrat, pour mettre en mouvement la machine politique, et assurer l'empire de la Constitution nouvelle. Je ne vous ai pas donné, disoit *Solon* aux athéniens, une Constitution parfaite; mais celle qui vous convient le mieux. Que de maux on eût épargnés au Peuple français, si cette sage maxime avoit toujours été présente à la pensée des législateurs?

Le pouvoir exécutif, remis dans les mains du monarque par la Constitution de 1791, ne lui parut pas un dédommagement suffisant des privilèges injustes, de l'autorité arbitraire, et des droits usurpés dont il jouissoit avant la révolution. Il résolut d'employer tous les moyens de se soustraire à une responsabilité dont il se trouvoit fatigué. Dès ce moment, il cessa d'agir de bonne foi avec le Peuple ; des mécontentemens éclatèrent; il les brava, et bientôt il entraîna, dans sa chûte, la chûte de la Constitution.

Tous les pouvoirs se trouvèrent alors réunis dans le sein de la convention nationale; elle ne tarda pas à sentir qu'il étoit nécessaire de centraliser l'action de l'autorité exécutive ; elle en chargea son comité de salut public, qui, à son tour, déléguant les pouvoirs suprêmes, couvrit la République de députés en mission, dont on se rappellera les excès, et les abus d'une autorité plus tyrannique, plus arbitraire que celle des despotes les plus absolus. Alors la royauté, la Constitution de 1791, l'ancien régime lui-même, furent regrettés par un grand nombre de citoyens qui avoient adopté de bon cœur la Répu-blique, mais qui ne pouvoient la reconnoître dans un ordre de choses qui réunissoit tous les pouvoirs dans les mêmes mains. Bientôt ces mêmes pouvoirs se trouvèrent délégués en partie à des comités révo-lutionnaires, à des hommes sans mœurs, sans ta-lens, sans humanité. Ils constituèrent en France une forme non pas de *démocratie* (à Dieu ne plaise que j'applique le nom du plus juste des gouvernemens au plus vicieux), mais d'une *ochlocratie* absurde et san-guinaire. Les meilleurs citoyens furent envoyés aux échafauds pêle-mêle avec les contre-révolutionnaires; aucune distinction ne fût faite des innocens et des coupables; tyrannie horrible qui n'a pas eu d'exemples dans les annales des Peuples anciens et modernes. Cette *ochlocratie* se soumit elle-même à une servi-tude absolue, tant il est vrai que l'homme cruel est toujours lâche; elle se dévoua toute entière aux volontés d'un seul qui paya trop tard de sa tête ses affreux excès, et dont la mort n'effraya cependant point ses complices.

Ce fut à cette époque que la Constitution de l'an 3 fut annoncée, comme devant sauver la patrie. Le partage du pouvoir exécutif entre cinq magistrats électifs et responsables, en conservant la démocratie, sembla rassurer les bons citoyens également effrayés du retour prochain du pouvoir royal ou de la domination démagogique. A peine se virent-ils investis de la plénitude du pouvoir suprême, qu'ils ne s'entendirent ni sur les moyens de l'exercer, ni sur la distribution de leurs attributions respectives; divisés d'abord d'opinions sur l'administration de la République, ils devinrent bientôt rivaux; leurs rivalités enfantèrent la jalousie, la jalousie, les soupçons; les anciennes dissentions politiques se rallumèrent; des partis se prononcèrent avec chaleur; la République se vit déchirée par ses propres gouvernans, qui, combattant sous différentes bannières, entraînèrent, dans leurs partis respectifs, les administrateurs, les juges, les fonctionnaires publics, tous les citoyens. Nos braves défenseurs conservoient seuls, par leurs armes victorieuses, la République et la liberté. Le royalisme, toujours habile à profiter des circonstances, voyoit chaque jour s'accroître le nombre de ses partisans, et ne prenoit plus la peine de masquer ses projets; de là les divisions intestines, les proscriptions, les déportations, l'avilissement de la Constitution, outragée par tous les partis; de là la guerre civile ravageant les départemens, nos armées si long-tems victorieuses, lâchement abandonnées au plus affreux dénuement, les revers les plus affligeans succédant rapidement aux plus brillantes conquêtes, et les fléaux de toute nature réunis sur notre malheureuse patrie.

Tel étoit l'état de la France au 18 brumaire. Il paroissoit démontré, par une longue et cruelle expérience, que le partage du pouvoir exécutif, entre plusieurs, développeroit continuellement des fermens de haine, s'il n'étoit pas modifié d'une manière particulière. Les auteurs de la Constitution de l'an 8 se trouvèrent placés entre deux écueils également redoutables : un pouvoir, trop circonscrit, est par-là dépourvu des forces nécessaires, et laisse l'édifice social sans mouvement et sans vie; trop peu circonscrit, il marche vers l'arbitraire, menace la liberté, met en danger la Constitution. Concilier dans le gouvernement le système de la démocratie avec celui qui lui paroît diamétralement opposé, l'unité d'action et la concentration des moyens de puissance; maintenir le droit inaliénable de la souveraineté du Peuple dans l'exercice de l'autorité du gouvernement ; préserver la République des dangers dont elle est également menacée par l'abus d'autorité d'un chef unique, ou par les dissentions de plusieurs chefs réunis; faire en sorte qu'un pouvoir exécutif tout-puissant n'ait d'action que celle qui fait exécuter la loi, tels sont les principes de l'organisation du gouvernement dans une République. Si la Constitution n'a pas entièrement résolu le problême, elle en a du moins plus rempli les conditions que tout autre institution sociale républicaine connue.

Elle confie le gouvernement à trois consuls nommés pour dix ans et indéfiniment rééligibles. Cette

(46)

magistrature est assez longue pour leur donner les moyens de faire le bien, d'affermir la République, de consolider toutes les institutions, d'améliorer toutes les parties d'administration publique, d'étouffer les germes de toutes les factions. La faculté laissée au sénat conservateur de maintenir les premiers magistrats du Peuple, tant que leur gestion lui est chère, protége le berceau de la Constitution naissante, et devient par la suite un de ses plus fermes appuis ; mais tous ces avantages étoient impossibles à conserver en accordant un pouvoir égal aux trois membres d'une magistrature triumvirale. La Constitution a voulu prévenir le malheur des divisions entr'eux ; elle a créé un premier consul : en le chargeant d'un immense fardeau, elle l'a environné de tout l'éclat, de toute la puissance nécessaire pour représenter dignement la majesté d'un Peuple libre, et la force de la première République du monde. Il consulte ses collègues dans les actes du gouvernement, mais sa décision suffit ; il prévient ainsi les lenteurs des délibérations, les chocs des discussions, et assure la rapidité de l'exécution ; il promulgue les lois, nomme et révoque à volonté tous les fonctionnaires supérieurs du gouvernement, les membres des administrations locales, les juges criminels et civils, qu'il ne peut cependant révoquer. Ces attributions si importantes et qui paroissent menacer la liberté, ont été accordées au premier magistrat, pour l'intérêt de la République. Les places, objets de toutes les intrigues qui ébranlent une Constitution, de toutes les corruptions qui avilissent un gouvernement, de toutes les vénalités qui le déshonorent, cesseront d'offrir aux partis des moyens d'agitation continuelle. Un seul est toujours moins circonvenu que ne le sont plusieurs; il y a moins de moyens d'arriver à un seul; il est moins en danger d'être détourné de bons choix. Dans la Constitution dernière, les places se distribuoient par la délibération des cinq directeurs et à la majorité des voix; les considérations personnelles étoient infiniment multipliées : chacun des magistrats avoit ses opinions politiques ou morales, dans le choix des sujets. Le désir de placer un protégé, sans talent, engageoit un directeur à donner sa voix à des sujets également indignes, présentés par ses collègues ; ainsi les armées, la diplomatie, les administrations se peuploient par l'intrigue ; ainsi le directoire nommoit ou révoquoit, plaçoit ou destituoit tour-à-tour des hommes livrés à tel ou tel parti, acquéreurs de leurs places à tel ou tel prix.

Il résulte de ces observations, fondées sur l'expérience et la raison, que le danger des mauvais choix dans les nominations se trouve toujours en raison directe du nombre des magistrats qui ont droit de nommer, et qu'il est plus convenable de conférer ce droit à un seul homme, avec les restrictions fixées par la Constitution.

Si la Constitution n'a pas laissé au Peuple la nomination immédiate de ses administrateurs et de ses juges, c'est qu'une expérience de dix années n'a que trop prouvé que les agitations, les cabales, les scissions des assemblées primaires ne lui ont jamais laissé la liberté, la tranquillité, nécessaires pour faire de bons choix, et que l'expression de toutes ces volontés partielles n'a jamais été celle de la volonté générale; ce n'a donc jamais été le Peuple qui ait nommé en effet, mais une faction. On voit par-là qu'il étoit indispensable de changer ce mode. Considérant que le Peuple désigneroit presque toujours les bons choix à faire, mais ne les feroit presque jamais, le législateur n'a dû lui laisser que la faculté d'appeler à la candidature les citoyens qui le méritent le mieux. La vénalité et l'intrigue ne se mettront pas en mouvement lorsqu'il n'y aura point de place à espérer.

Une autre raison d'intérêt public a placé, dans les mains du premier magistrat, la nomination des membres des administrations locales; c'est la nécessité de ramener toutes les actions particulières à un point central : tout le monde sait quelles dissentions ont toujours existé entre les administrateurs nommés par le Peuple et le gouvernement; tout le monde sait comment l'autorité morcelée alloit se perdre dans les ramifications éloignées; tout le monde sait combien les intérêts privés, les intérêts des localités, le desir de conserver les suffrages du Peuple aux élections prochaines, entravoit les les opérations du gouvernement, confiées aux diverses administrations.

Tels

Tels sont en général les motifs qui ont déterminé, dans la pensée du législateur, la création d'un magistrat prépondérant sans être unique, et chargé d'attributions importantes qui ne peuvent jamais être l'effet de sa volonté particulière, isolée de l'intérêt de l'état. Mais, dira-t-on, où existe la garantie de la liberté contre les atteintes d'une magistrature suprême, investie de si grands pouvoirs? Je repondrai, dans la Constitution. Où sont les limites que l'autorité absolue d'un chef unique ne pourra franchir? Dans la Constitution.

Le premier consul prononce en dernier ressort, et décide tous les actes du gouvernement; mais il doit consulter les deux autres consuls, et ceux-ci ont la faculté de consigner leurs opinions contraires sur le registre de ces actes; et cet appel à l'opinion publique, est une forte défense contre les attaques du pouvoir absolu.

Le premier consul fait exécuter toutes les lois; mais il ne le peut que selon les formes, et par les agens que la Constitution a établis.

Il nomme tous les agens du pouvoir exécutif; mais il ne peut les choisir que parmi les élus du Peuple, et il est forcé de les révoquer du moment où le Peuple leur retire sa confiance.

Le pouvoir exécutif dirige les recettes de l'Etat; mais une loi annuelle en peut seule déterminer le montant.

Il a la distribution et la direction de toutes les

D

forces de terre et de mer ; mais les moyens de les entretenir ne lui appartiennent pas.

Il a la proposition des lois ; mais le travail doit s'en faire par un conseil d'Etat, créé par la Constitution, et dont les membres doivent être pris et conservés parmi les éligibles.

La Constitution peut être compromise dans quelques actes du gouvernement ; mais le tribunat est là qui les défère, et le sénat conservateur qui les maintient ou les annulle.

Des malversations, des abus d'autorité peuvent compromettre la liberté publique ou individuelle ; mais les défenseurs du Peuple, les tribuns sont chargés, par la Constitution, de faire connoître l'expression de leur vœu, pour la repression de ces actes arbitraires.

Une injustice peut être commisse à l'égard d'un citoyen ; mais si des autorités supérieures, qui en doivent connoître, ne font pas droit sur sa plainte, il a le droit de l'apporter au tribunat par pétition individuelle.

Le pouvoir exécutif est inviolable ; la personne des consuls est sacrée : ils sont irrévocables et irresponsables ; mais leurs actes ne sont revêtus du caractère légal que par la signature des ministres, et les ministres sont responsables de ces actes lorsqu'ils sont contraires à la Constitution ou aux lois. Le tribunat les dénonce ; le corps législetif les met en accusation ; une haute-cour les juge sans appel, et sans recours en cassation.

Enfin tel est actuellement le cours des idées re-
çues et le pouvoir de l'opinion en France que toute
autorité usurpée ne pouvant plus se soutenir que par
la terreur, cet état violent est peu durable de sa nature, et conduit rapidement à des révolutions nou-
velles.

TITRE V.

Des tribunaux.

Art. 60, 61, 62, 63, 64, 65, 66, 67, 68.

Il ne suffit pas à la Constitution d'avoir garanti la
liberté politique; il lui reste encore à pourvoir à la
sûreté des personnes et des propriétés dans l'habituel
exercice de la liberté individuelle. Il faut que les
hommes probes soient défendus des atteintes des
pervers.

La liberté politique est assurée dans l'Etat lorsque
les dépositaires du pouvoir exécutif ne peuvent s'im-
miscer en rien dans les attributions et les fonctions
de l'ordre judiciaire; lorsque les magistrats ne peuvent
exercer aucune espèce de fonction législative, et
qu'ils ne sont que les organes impassibles de la loi;
lorsque les citoyens sont dispensés de l'obéissance
toutes les fois que les dispositions sacrées du pacte
social sont violées par les autorités constituées.

La liberté civile doit être également assurée; elle
consiste dans le droit de disposer librement de sa
personne, de ses propriétés, du fruit de son travail
et de son industrie, autant que ces avantages indi-

viduels ne portent pas de préjudice à la société, et que les autres citoyens jouissent avec la même liberté du même droit.

Le premier caractère d'une bonne organisation judiciaire est la parfaite indépendance des magistrats. On se rappelle avec une profonde douleur combien ce sacerdoce respectable a été avili à ces époques cruelles de la révolution qui inondèrent la France du sang des citoyens. On se rappelle la composition des tribunaux par l'esprit de parti, les juges prononçant leurs arrêts au gré d'une multitude aveugle et déchaînée, la sainte institution des jurés devenue l'instrument des factions, et les opinions politiques transformées à un tribunal en vertus sublimes, au tribunal voisin, en crimes dignes de mort.

Les dispositions de la Constitution de l'an 8 dans l'organisation des tribunaux semblent ne rien laisser à désirer ni à craindre à l'homme innocent ou coupable.

Les discussions intéressantes qui ont eu lieu à l'assemblée constituante sur cette importante matière, les grands développemens qui lui ont été donnés par les orateurs les plus célèbres, les divers ouvrages pleins de sagesse, de raison et d'énergie qui ont été publiés sur cette partie si essentielle de l'organisation d'un Peuple libre, ont dicté tous les articles de ce chapitre du pacte social.

Des juges de paix élus immédiatement par leurs concitoyens et choisis sur les listes communales assurent aux habitans d'un arrondissement le maintien de l'ordre, la répression des légers délits, et la conciliation des droits respectifs.

Liberté des choix des arbitres, établissemens de tribunaux de première instance et d'appel, institution des jurés en matière criminelle, tribunal unique de cassation jugeant les formes : telles sont les précautions prises pour que la justice à rendre aux citoyens soit prompte, peu dispendieuse, éclairée, intègre; pour que l'innocence n'ait rien à redouter, et que tous les moyens de justification soient ouverts à l'accusé.

Il existe seulement dans l'établissement de l'ordre judiciaire actuel deux dispositions sur lesquelles je dois m'arrêter un instant.

Première disposition. Les juges civils et criminels sont nommés par le premier consul, mais il ne peut les révoquer, ils conservent leurs fonctions toute leur vie, à moins d'être condamnés pour forfaiture, ou rayés de la liste des éligibles.

Deuxième disposition. Le ministère public est nommé par le premier consul. C'est le commissaire du gouvernement qui remplit les fonctions d'accusateur public.

La nomination des juges criminels et civils inquiette quelques amis de la liberté; ils craignent que la nécessité des sollicitations pour obtenir ces places ne porte sur les rangs des candidats et sur les siéges, des hommes intrigans, privés des connoissances et des vertus indispensables pour remplir dignement ces fonctions augustes ; ils ne voyent dans des magistrats inamovibles, que des hommes qui certains de conserver toute leur vie le traitement dont ils jouissent, et n'étant plus excités à l'exactitude, à l'assiduité par aucun de ces moyens qui sont si puissans, l'intérêt ou la crainte, tomberont nécessairement dans un relâchement funeste.

La nomination des juges par le premier consul étoit nécessaire dans le système politique qui nous régit aujourd'hui, l'esprit de la Constitution étant d'armer le pouvoir exécutif d'une puissance assez forte pour ramener à une unité continue d'action les diverses parties du gouvernement depuis si long-tems divisées; mais la liberté publique et individuelle n'ont aucun risque à courir. Le premier consul ne pouvant nommer que sur la liste des éligibles, le Peuple conserve toujours à cet égard l'honorable et importante initiative, il est ainsi averti que de son premier choix dépend le sort de la République. Ce concours du Peuple avec le sénat conservateur, avec le premier consul pour les élections de tous les magistrats confirme l'établissement d'une démocratie sage, et vraiment conservatrice des droits du Peuple.

Quand le premier consul a consommé les nominations, il perd toute espèce d'autorité active sur les juges. Ceux - ci se trouvent à l'instant dans la plus pleine indépendance du pouvoir exécutif; ils peuvent se livrer en liberté à l'étude des loix, ils acquereront cette expérience des hommes et des affaires si importante dans cette profession honorable et qui n'est que le fruit d'une longue habitude du travail. Il seront excités par les motifs les plus pressans, la confiance publique, la réputation si chère aux Français, la crainte de voir leurs noms effacés sur la liste des éligibles dans le cas ou le Peuple qui les observe chaque jour, qui les environne d'une surveillance active, auroit de justes reproches à leur faire ; l'espoir d'être placés sur les listes nationales et de parvenir aux premières fonctions de la législature, ou du gouvernement, si leur carrière est marquée par des talens distingués.

TITRE VI.

Responsabilité des fonctionnaires publics.

Art. 69, 70, 71, 72, 73, 74, 75.

Ce titre contient les dispositions relatives à la garantie de la nation vis-à-vis les fonctionnaires publics.

La non responsabilité des premiers fonctionnaires publics est tellement nécessaire qu'il n'y a point de Constitution ou elle n'existe pas. C'est le résultat des principes imprescriptibles et inaliénables des droits de l'homme en société. La violation de ces principes sacrés a toujours été le signal des plus affreux désordres dans un gouvernement. Elle peupla les bastilles avant la révolution toutes les fois que les parlemens plaidèrent avec trop de chaleur la cause du Peuple auprès des rois. Elle dressa les échafauds toutes les fois

que dans la convention nationale des hommes courageux voulurent défendre la liberté contre les efforts
d'une faction dominatrice. Sans cette inviolabilité, les
assemblées nationales livrées à leurs passions ou subjuguées par des tribunes factieuses, ne sont plus que des
réunions passives et coupables, abandonnant le Peuple
qui leur avoit confié ses intérêts, et se livrant au plus
audacieux ou au plus hypocrite.

Ainsi l'inviolabilité assure au sénat conservateur la
liberté d'élire, aux tribuns celle de dire la vérité, d'é-
mettre leurs opinions sans passion et sans crainte, aux
législateurs celle d'obéir à leur conscience dans le
prononcé de la loi, aux consuls celle de marcher d'un
pas ferme et hardi dans l'exécution des lois les plus
sévères, aux conseillers d'Etat celle d'éclairer le gouvernement sans avoir rien à redouter sur les renseignemens qu'ils sont dans le cas de lui fournir.

La responsabilité des ministres, les formes auxquels
les soumet la Constitution dans la signature des actes
du gouvernement, la certitude d'être poursuivis et
jugés, la crainte de pouvoir être dénoncés au tribunat
par la pétition individuelle, seront sans doute des ga-
ranties assez sûres contre les atteintes qui pourroient
être portées par le pouvoir exécutif ou ses agens, à la
Constitution, aux loix et aux réglemens.

C'est ainsi que la Constitution armant les consuls
du plus grand pouvoir, leur assigne en même-tems
des limites qu'il leur sera impossible de franchir, c'est
ainsi qu'en rendant leur personne sacrée, elle les

soustrait aux dénonciations, aux délations, aux pour-
suites juridiques dont l'effet naturel est d'avilir leur
autorité, d'en ternir l'éclat auprès des puissances étran-
gères et d'affaiblir la haute considération qu'il est si
nécessaire de leur conserver, mais en même - tems
elle les saisit par tous les points de leur exisience
politique de manière à ne leur laisser pour ainsi dire
que la liberté de faire le bonheur du Peuple.

TITRE VII.

Dispositions générales.

Art. 76, 77, 78, 79, 80, 81, 82.

Le titre qui sert de complément à la Constitution
contient toutes les dispositions propres à assurer la
liberté civile, comme le titre précédent présentoit
les moyens de garantir la liberté publique. —

Les formes, par lesquelles la liberté d'un citoyen
peut et doit lui être ravie, sont si exactement pré-
cisées, qu'il est impossible que la garantie soit plus
forte : ces articles sont le palladium de la Constitution. C'est le fameux acte d'*habeas corpus* de l'An-
gleterre, mais plus régulier, mieux conçu, mieux
ordonné, et dont il n'appartiendra point aux ministres de suspendre l'action tutélaire.

L'article 84 consacre un principe, sans lequel le
corps social ne tarde pas à se dissoudre, c'est que
la force publique est essentiellement obéissante, que
nul corps armé ne peut délibérer. L'oubli de ce

princide conduit promptement au relâchement de la dissipline, à l'insubordination, aux excès dont les gardes prétoriennes fournirent à l'univers un si frappant exemple dans la dissolution de l'empire romain, et dont les jannissaires nous offrent encore tous les jours des preuves terribles dans l'empire ottoman.

Dans les articles 86 et 87, la reconnoissance nationale se prononce d'une manière bien honorale au Peuple qui la décerne, et aux citoyens qui la reçoivent. On pouvoit généraliser l'article 87 en étendant ces mêmes dispositions à tous ceux qui auroient en général bien mérité de la République; on a craint que la multiplicité de ces récompenses n'en diminuât le prix; on a craint que quelque faction nouvelle n'accordât la palme civique à ses chefs de parti, comme cela est trop souvent arrivé dans l'histoire de la révolution; le Panthéon ayant été successivement ouvert et refermé pour les mêmes hommes, à différentes époques. Les services éclatans, rendus par les guerriers qui ont combattu pour la République, ne laissent aucun doute, et appellent toujours la reconnaissance nationale.

L'art. 88 annonce que la République ne peut s'élever au haut degré de gloire et de prospérité qu'elle doit un jour atteindre, si les sciences et les arts n'y concourent efficacement. De cet article découleront toutes les lois organiques, nécessaires à l'instruction publique, si desirée et depuis si long-tems attendue.

L'art. 89 assure la force et la sagesse des délibé-

rations des autorités constituées, et prévient les usur-
pations d'autorité de quelques membres ambitieux,
intrigans et dominateurs.

L'art. 91 fera cesser enfin les troubles qui, depuis
dix ans, affligent les colonies françaises. La Constitution établissant qu'elles doivent être soumises à
dés lois spéciales, leur promet un régime, appro-
prié à leurs mœurs, leur caractère, leur situation in-
térieure, et leurs rapports avec la métropole. Leurs
lois organiques ne seront jamais que la Constitution
d'un Peuple libre, mise en action dans ces régions
lointaines, avec les modifications propres à prévenir
les troubles. La liberté, l'égalité de tous les hommes
vivans sur le sol français, serviront de bases à ces
lois organiques.

L'article 91 a inquiété quelques amis rigides de la
liberté; mais s'ils considèrent l'état actuel de la République, les troubles intérieurs qui la déchirent, et
leur prolongation dont il n'est pas encore permis de
fixer le terme, ils ne pourront disconvenir que la
Constitution ne peut être maintenue sans la faculté
de recourir à ces ressources extraordinaires. En effet,
toutes les fois qu'une fraction du corps social déchire
l'acte constitutionnel, se constitue en état de guerre
contre la patrie, appelle l'ennemi du dehors pour
fortifier son parti, et marche contre ses concitoyens
et ses frères, il est évident qu'elle n'a plus le droit
de recours aux lois constitutionnelles, et que toutes
mesures hors de l'empire de la Constitution, que le

pouvoir exécutif peut employer pour frapper de mort cette insurrection , doit être prise sans délai : voilà pourquoi le gouvernement peut la prendre , même pendant l'ajournement du corps législatif; mais cette mesure , étant le plus souvent une véritable dictature militaire , dont l'action vive , prolongée pourroit menacer la liberté, la Constitution a imposé au gouvernement la nécessité d'appeller à l'instant le corps législatif, qui seul , a le droit terrible de suspendre l'empire de la Constitution pour des individus et des régions de la République en état de révolte.

Si le même article autorise la même mesure dans le cas de troubles menaçant la sûreté de l'Etat, c'est que les germes d'une contre-révolution commençante , ou d'une insurrection qui n'est que méditée dans l'ombre , s'étouffent par de grandes mesures prises en tems convenables , tandis que le gouvernement qui n'a pas la liberté d'agir , perd en délibérations inutiles les momens où il faut déployer une action terrible aux agitateurs.

Les articles 93 et 94 terminent la Constitution de manière à ne laisser aucun doute sur les formes réblicaines adoptées par le Peuple; ils bannissent toutes les inquiétudes que des malveillans se plaisent encore à répandre; ils sont le complément de la révolution.

Français, tel est votre Code constitutionnel. Vous n'y trouverez rien qui ne tende à vous garantir un ordre de choses plus sûr , plus fort, plus tranquille, à fixer enfin cette malheureuse instabilité dans laquelle vous gémissez depuis dix ans, qui a paralisé tous vos moyens de prospérité, anéanti votre commerce, détruit l'industrie, desséché l'agriculture. Non, vous n'avez pas fait un pas rétrograde dans la révolution; vous vous êtes, au contraire, avancés vers son terme par l'établissement d'une démocratie représentative, énergique et sage Ah! croyez-en un vrai républicain qui acheteroit au prix de tout son sang la conservation de la liberté publique et le bonheur de son pays. Si des suggestions insidieuses tentent d'ébranler votre fidélité à la Constitution, et votre obéissance aux lois de la République; soyez certains que ces agitateurs sont des partisans de l'ancien régime, ou du régime de 1793.

Je m'arrête : j'en ai dit assez pour ceux qui veulent m'entendre; j'ai payé ma dette à ma Patrie; je serai trop heureux si je fais un ami de plus à la République et à la Constitution.

De l'Imprimerie de J. F. Sobry, rue du Bacq, n°. 149.

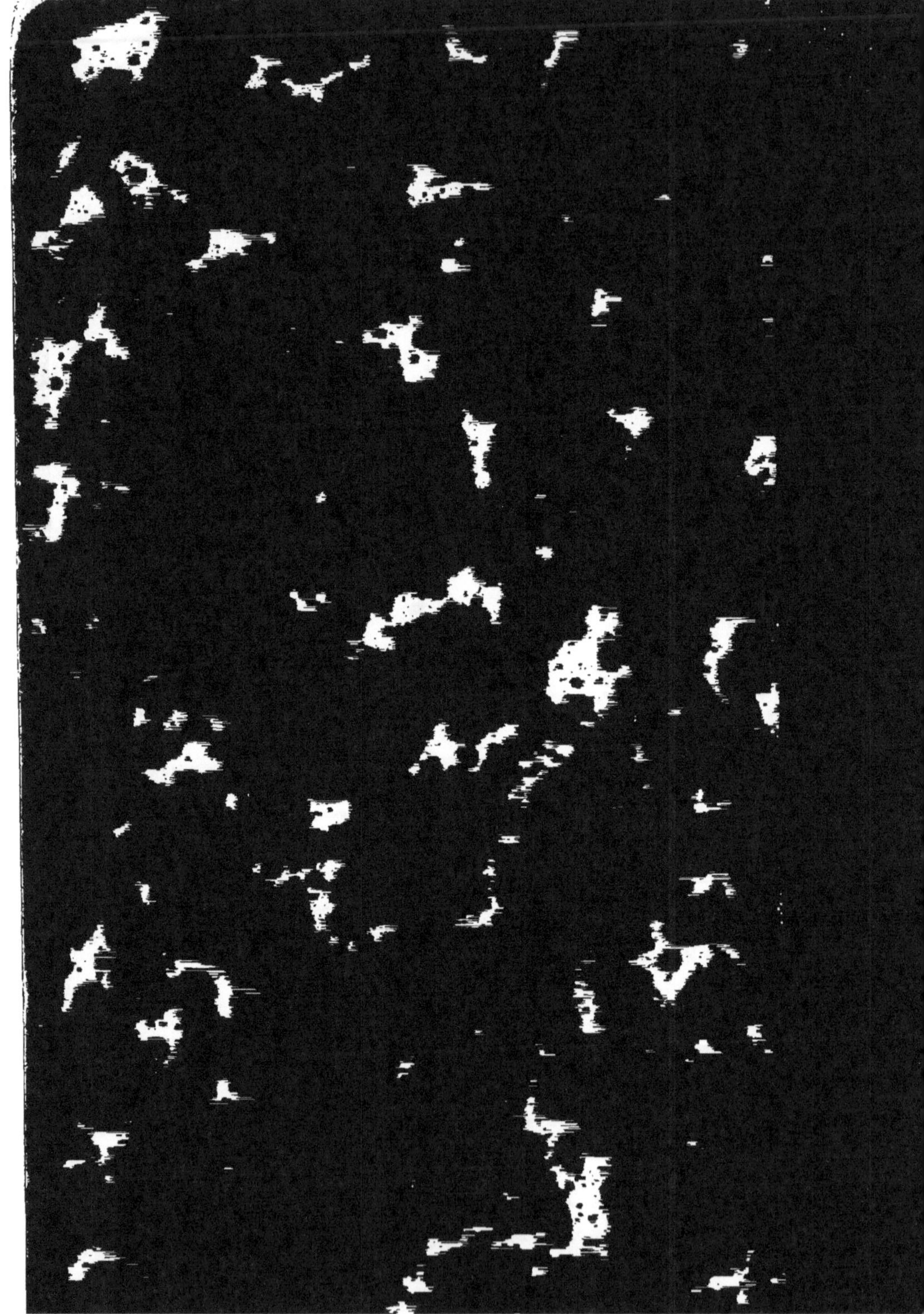